Dorothea Ruggles-Brise

The Scottish Orpheus

A selection of the most admired Scottish songs with symphonies and

accompaniments for the pianoforte

Dorothea Ruggles-Brise

The Scottish Orpheus
*A selection of the most admired Scottish songs with symphonies and
accompaniments for the pianoforte*

ISBN/EAN: 9783337102371

Printed in Europe, USA, Canada, Australia, Japan

Cover: Foto ©Thomas Meinert / pixelio.de

More available books at **www.hansebooks.com**

THE

SCOTTISH ORPHEUS:

A SELECTION OF THE MOST ADMIRED

SCOTTISH SONGS

WITH

SYMPHONIES AND ACCOMPANIMENTS

FOR THE

PIANOFORTE

BY

ADAM HAMILTON.

Edinburgh:

HAMILTON & MÜLLER.

WILLIAM BLACKWOOD & SONS, EDINBURGH AND LONDON.
ROBERT COCKS & CO., LONDON.   BOTE & BOCK. BERLIN.
C. F. LEEDE, LEIPZIG.

PREFACE.

So many different collections of Scottish Songs have been published
during the present century, that at first sight it might be deemed impossible
to produce a better than has already appeared, and that this now offered to
the public was unnecessary. The publishers of the present Volume however
believe that, on a cursory examination, it will be found to differ in many
respects, and in some with decided advantage, from any collection that has
preceded it.

The intention of the present selection is to bring together those Songs
only of which the melodies are best adapted for singing, arranged in such keys
as place them within the compass of almost all voices, and with symphonies
and accompaniments that are in keeping with the simple and melodious cha-
racter of Scottish vocal melodies. The publishers are proud to say, that the
musical arrangement of the Songs has met with the approbation of high musi-
cal authorities both in this country and in Germany, where the work is also
published.

The small quarto form has been adopted as a more convenient size than
the ordinary music folio. The work has been elegantly engraved and printed
from plates, in preference to the cheaper type printing, and this necessarily
has greatly increased the expense: nevertheless, the publishers have fixed the
price of the Volume so low that they feel confident it is the cheapest, and, they
venture to hope, the best work of the kind ever offered to public patronage.

INDEX.

JESSIE, THE FLOWER O' DUNBLANE.

Melody: by R. A. Smith.

Andante semplice.   *The words by Tannahill.*

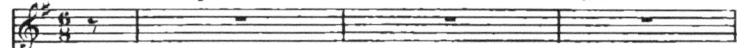

The sun has gane down o'er the
She's mod - est as on - ie, and

lof - ty Ben - lo-mond, And left the red clouds to pre - side o'er the scene, While
blythe as she's bon-nie; For guile-less sim-pli - ci - ty marks her its ain; And

lone-ly I stray in the calm sim-mer gloamin', To muse on sweet Jessie, the
far be the vill-ain, di-vest-ed o' feel-ing. Wha'd blight in its bloom the sweet

flower o' Dun-blane. How sweet is the brier wi' its saft fauld-in' blos-som! And
flower o' Dun-blane. Sing on, thou sweet ma-vis, thy hymn to the ev'ning. Thou'rt

sweet is the birk wi' its man-tle o' green; Yet sweet-er and fair-er, and
dear to the ech-oes of Cal-der-wood glen; Sae dear to this bo-som, sae

dear to this bo-som, Is love-ly young Jes-sie, the flower o' Dun-blane. Is
art-less and win-ning, Is charm-ing young Jes-sie, the flower o' Dun-blane. Is

love-ly young Jes-sie, Is love-ly young Jes-sie, Is love-ly young Jes-sie, the
charm-ing young Jes-sie, Is charm-ing young Jes-sie, Is charm-ing young Jes-sie, the

flower o' Dun-blane.
flower o' Dun-blane.

How lost were my days till I met wi'my Jessie!
  The sports o' the city seem'd foolish and vain:
I ne'er saw a nymph I could ca' my dear lassie,
  Till charm'd wi' sweet Jessie, the flower o' Dunblane.

Though mine were the station o' loftiest grandeur,
  Amidst its profusion I'd languish in pain,
And reckon as naething the height o' its splendour,
  If wanting sweet Jessie, the flower o' Dunblane.

LASSIE WI' THE LINT-WHITE LOCKS.

The words by Burns.

Las - sie, wi' the lint-white locks,
Las - sie, wi' the lint-white locks,

Bon - nie las - sie, art - less las - sie; Wilt thou wi' me tent the flocks?
Bon - nie las - sie, art - less las - sie; Wilt thou wi' me tent the flocks?

Wilt thou be my dea - rie, O? Now na - ture cleads the flow'- ry lea, And
Wilt thou be my dea - rie, O? And when the wel - come sim - mer show'r Has

a' is young and sweet like thee; O wilt thou share its joys wi' me, And
cheer'd ilk droo - ping lit - tle flow'r. We'll to the breathing woodbine bow'r. At

say thou'lt be my dea - rie, O.
sult - ry noon my dea - rie, O.

Lassie wi', &c.
When Cynthia lights, wi' silver ray,
The weary shearer's hameward way,
Through yellow-waving fields we'll stray
    And talk o' love, my dearie, O.

Lassie wi', &c.
And when the howling wintry blast
Disturbs my lassie's midnight rest,
Enclasped to my faithfu' breast,
    I'll comfort thee, my dearie, O.

JOHN ANDERSON, MY JO.

The words by Burns.

John An-der-son, my jo, John, When we were first ac-quent,
Your locks were like the ra-ven, Your bon-nie brow was brent; But

John An-der-son, my jo, John, We clamb the hill the-gither, And
mony a can-ty day John, We've had wi' ane a-nither; Now

now your brow is beld, John, Your locks are like the snaw, But ___
we maun tot - ter down, John, But hand in hand we'll go, And we'll

bless - ings on your fros - ty pow, John An - der - son, my
sleep the - gi - ther at the foot, John An der - son, my

jo.
jo.

GALA WATER.

The words by Burns.

Braw, braw lads on
But there is ane, a

Yar - row braes, Ye wan - der through the bloom-ing hea - ther; But
se - cret ane, A - boon them a' I lo'e him bet - ter: And

Yar-row braes, nor Et-trick shaws,Can match the lads o' Ga-la wa-ter.
I'll be his, an' he'll be mine, The bon-nie lad o' Ga-la wa-ter.

Braw, braw lads.
Braw, braw lads.

Although his daddie was nae laird,
 An' though I hae nae meikle tocher;
Yet, rich in kindest, truest love,
 We'll tent our flocks by Gala water.

It ne'er was wealth, it ne'er was wealth,
 That coft contentment, peace, or pleasure;
The bands and bliss o' mutual love,
 O that's the chiefest warld's treasure!

YE BANKS AND BRAES O' BONNIE DOON.

The words by Burns.

Andante semplice.

Voice.

Piano.

con espressione

Ye   banks and   braes o'   bon - nie   Doon, How   can   ye   bloom sae
Oft   ha'e I   roved by   bon - nie   Doon, To   see   the   rose and

fresh and fair; How   can   ye chant, ye   lit - tle birds, And   I   sae wea - ry,
woodbine twine; And   il - ka bird sang   o'   its love, And   fond - ly sae did

fu' o' care! Ye'll break my heart, ye warb-ling birds, That wan-ton through the
I o'mine. Wi' light-some heart I pu'd a rose, Fu' sweet up - on its

flow'ry thorn; Ye mind me o' de - part-ed joys, De-part-ed ne - ver
thorn-y tree; But my fause lov - er stole my rose, And ah! he left the

poco rall.

to re-turn.
thorn wi' me.

rall. *mf* *dimin.* *p*

ANNIE LAURIE.

Max-well-ton braes are bon - nie, Where ear - ly fa's the
Her brow is like the snaw-drift, Her neck is like the

dew, And it's there that An - nie Lau - rie Gied me her pro - mise
swan, Her face it is the fair - est That e'er the sun shone

true; Gi'ed me her pro-mise true, Which ne'er for-got will be, And for
on; That e'er the sun shone on, And dark blue is her e'e; And for

bon-nie An-nie Lau-rie, I'd___ lay me down and dee.
bon-nie An-nie Lau-rie, I'd___ lay me down and dee.

Like dew on the gowan lying,
    Is the fa' o' her fairy feet;
And like winds in summer sighing,
    Her voice is low and sweet.
Her voice is low and sweet,
    And she's a' the world to me;
And for bonnie Annie Laurie
    I'd lay me down and dee.

SCOTS, WHA HAE WI' WALLACE BLED.

Melody: "Hey Tuttie Tattie."

The words by Burns.

Maestoso.

Voice.

Piano.

con energia

Scots wha hae wi' Wal - lace bled!
Wha will be a trai - tor knave?

Scots,wham Bruce has af - ten led! Wel-come to your go - ry bed.
Wha can fill a cow-ard's grave? Wha sae base as he a slave,

By oppression's woes an' pains,
By our sons in servile chains,
We will drain our dearest veins,
 But they shall be free.
Lay the proud usurpers low!
Tyrants fall in every foe!
Liberty's in every blow!
 Let us do or die!

HERE AWA', THERE AWA'.

The words by Burns.

Here a - wa', there a - wa', wan - der - ing Wil - lie!
Win - ter winds blew loud and cauld at our part - in';

Here a - wa', there a - wa', Haud a - wa' hame!
Fears for my Wil - lie brought tears in my e'e:

Come to my bo - som, my ain on - ly dear - ie; Tell me thou bring'st me my Wil - lie the same.

Wel - come now, sum - mer, and wel - come my Wil - lie; The sum - mer to na - ture, my Wil - lie to me.

Rest, ye wild storms, in the caves of your slumbers!
How your dread howling a lover alarms!
Wauken, ye breezes! row gently, ye billows!
And waft my dear laddie ance mair to my arms.

But, oh, if he's faithless, and minds na his Nannie,
Flow still between us, thou wide roarin' main!
May I never see it, may I never trow it,
But, dying, believe that my Willie's my ain!

SHE'S FAIR AND FAUSE.

The words by Burns.

Voice. Andante.

Piano. *p*

con dolore

She's fair and fause that caus-es my smart, I lo'ed her mei-kle and
Wha- e'er ye be that wo - man love, To this be ne - ver

lang;___ She's bro-ken her vow, She's bro-ken my heart, And I may e'en gae
blind,___ Nae fer - lie 'tis tho' fic-kle she prove, A wo-man has't by

hang.____ A coof came in wi' routh o' gear, And I hae tint my
kind.____ O wo man love-ly wo-man fair, An An-gel form's faun

dear-est dear, But wo-man is but warld's gear, Sae let the bon-nie lass
to thy share,'Twad been o'er mei-kle to gien thee mair. I mean an an - gel

gang.____
mind.____

FROM THEE, ELIZA.

Melody: "Donald."

The words by Burns.

From thee,— E - li - za, I must go, And from my na - tive
Fare - well.— Farewell E - li - za dear, The maid that I a -

shore: The cru - el fates be - tween us throw A
dore! A bo - ding voice is in mine ear, We

rinf.

bound-less o - cean's roar. But bound - less o - ceans,
part to meet no more! But the last throb that

roar - ing wide, Be - tween my love____and me; They ne - ver, ne - ver
leaves my heart, While death stands vic - tor by, That throb, E - li - za,

can di - vide My heart and soul from thee.
is thy part, And thine, that lat - est sigh!

COMIN' THRO' THE RYE.

Moderato.

The words by Burns.

Voice.

Piano.

Gin a bo - dy meet a bo - dy
Gin a bo - dy meet a bo - dy

Com - in' thro' the rye.
Com - in' frae the well,

Gin - a bo - dy kiss a bo - dy
Gin - a bo - dy kiss a bo - dy

Need a bo-dy cry? Ilk-a las-sie has her lad-die,
Need a bo-dy tell? Ilk-a las-sie has her lad-die,

Nane, they say, ha'e I! Yet a' the lads they smile at me, When
Ne'er a ane ha'e I; But a' the lads they smile on me, When

comin' thro' the rye.
comin' thro' the rye.

Gin a body meet a body
  Comin' frae the town,
Gin a body greet a body,
  Need a body gloom?
Ilka lassie has her laddie,
  Nane, they say, ha'e I;
But a' the lads they lo'e me weel,
  And what the waur am I?

37

THE LASS OF PATIE'S MILL.

The words by Allan Ramsay.

The lass of Pa - tie's Mill,____ So bon - nie, blythe, and gay.
With - out the help of art.____ Like flow'rs which grace the wild,

In spite of all my skill,____ She stole my heart a -
She did her sweets im - part.____ When - e'er she spoke or

way.___When ted-ding of the hay,___ Bare-head-ed on the
smiled.__Her looks they were so mild,___ Free from af-fect-ed-

green, Love 'midst her locks did play, And wan-ton'd in her
pride, She me to love be - guiled; I wish'd her for my

e'en.___
bride.___

O! had I all that wealth
  Hopetoun's high mountains fill,
Insured long life and health,
  And pleasure at my will;
I'd promise and fulfil
  That none but bonnie she,
The lass of Patie's Mill,
  Should share the same with me.

A ROSE-BUD BY MY EARLY WALK.

Melody: "The Shepherd's Wife."

The words by Burns.

Moderato.

Voice.

Piano.

p

Fine

con espressione

A   rose - bud   by   my   ear - ly   walk,   A - down   a   corn   in -
With - in   the   bush,   her   cov - ert   nest,   A   lit - tle   lin - net

p

clos - ed   bawk,   Sae   gent - ly   bent   its   thorn - y   stalk,   All
fond - ly   prest,   The   dew   sat   chil - ly   on   her   breast   Sae

on a dew - y morn - ing. Ere twice the shades o'
ear - ly in the morn - ing. She soon shall see her

dawn are fled, In a' its crim - son glo - ry spread, And
tend - er brood, The pride, the plea - sure o' the wood, A -

droop-ing rich the dew - y head, It scents the ear - ly morn-ing.
mang the fresh green leaves be-dew'd, A - wake the ear - ly morn-ing.

So thou, dear bird, young Jeanie fair!
On trembling string, or vocal air,
Shall sweetly pay the tender care
  That tends thy early morning.
So thou sweet rose bud, young and gay,
Shalt beauteous blaze upon the day,
And bless the parent's evening ray
  That watch'd thy early morning.

O WALY, WALY.

O wa-ly, wa-ly, up the bank, And wa-ly, wa-ly,
O wa-ly, wa-ly, love is sweet, A lit-tle time when

down the brae. And wa-ly, wa-ly, yon burn side When
it is new, But when its auld it wax-eth cauld, And

Now Arthur's seat shall be my bed,
The sheets shall ne'er be press'd by me;
Saint Anton's well shall be my drink,
Since my true love's forsaken me.
O, martinmas wind, when wilt thou blaw,
And shake the green leaves aff the tree?
O, gentle death, when will thou come?
And take a life that wearies me?

ROSLIN CASTLE.

Larghetto.   *The words by R. Hewitt.*

'Twas in the sea - son of the year, When all things gay and
A - wake, sweet muse! the breath-ing spring With rap ture warms; a -

sweet ap pear. That Co - lin, with the morning ray, A - rose and sung his
wake, and sing! A - wake, and join the vo - cal throng Who hail the morning

Oh! come my love! thy Colin's lay
With rapture calls, O come away!
Come, while the muse this wreath shall twine
Around that modest brow of thine.
O! hither haste, and with thee bring
That beauty blooming like the spring,
Those graces that divinely shine,
And charm this ravished heart of mine.

O THE EWE-BUGHTING'S BONNIE.

Melody: "The Yellow Hair'd Laddie."

O the ewe-bught ing's bon - - nie both e'en - ing and
O the shep-herd's take___ plea - - sure to blow on the

morn, When our blithe shep-herd's play___ on the bog-reed and
horn, To___ raise up their flocks___ i' the fresh sim-mer

O the sheep-herding's lightsome amang the green braes,
Where Cayle wimples clear 'neath the white-blossomed slaes,
Where the wild-thyme and meadow queen scent the saft gale,
And the cushat croods leesomely down in the dale.

There the lintwhite and mavis sing sweet frae the thorn,
And blithe lilts the laverock aboon the green corn,
And a' things rejoice in the simmer's glad prime
But my heart's wi' my love in the far foreign clime.

LOGAN WATER.

Andante affettuoso.

The words by John Mayne.

By Lo - gan's streams,that rin sae deep, Fu' aft wi' glee I've
Nae mair, at Lo - gan kirk, will he, A - tween the preach-ings,

herd - ed sheep; Herd - ed sheep, or ga - ther'd slaes, Wi'
meet wi' me; Meet wi' me, or, when it's mirk, Con

my dear lad — on Lo - gan braes. But waes my heart! thae days are gane, And
voy me hame frae Lo - gan kirk. I weel may sing, thae days are gane; Frae

fu' o' grief, I herd — my lane, While my dear lad maun face his faes, Far,
kirk and fair I come — a - lane, While my dear lad maun face his faes, Far,

far frae me — and Lo - gan braes.
far frae me — and Lo - gan braes.

At e'en, when hope amaist is gane,
I daunder dowie an' forlane,
Or sit beneath the trystin'-tree,
Where first he spak o' love to me.
O! could I see thae days again,
My lover skaithless, an' my ain;
Rever'd by friends, an' far frae faes,
We'd live in bliss on Logan braes!

O THIS IS NO MY AIN LASSIE.

The words by Burns.

Voice.

Piano.

Allegro moderato.

mf

O this is no my ain las-sie, Fair tho' the las-sie be; O
O this is no my ain las-sie, Fair tho' the las-sie be; O

Fine

p

weel ken I my ain las-sie, Kind___ love is in her e'e. I
weel ken I my ain las-sie, Kind___ love is in her e'e. She's

see a form, I see a face, Ye weel may wi' the fair-est place; It
bon-nie, blooming,straight and tall, And lang has had my heart in thral; An'

wants to me the witch-ing grace, The kind love that's in her e'e.
aye it charms my ver-y saul, The kind love that's in her e'e.

D.C.

O this is no &c.
A thief sae pauky is my Jean,
To steal a blink by a' unseen;
But gleg as light is lovers' een,
   When kind love is in the e'e.

O this is no &c.
It may escape the courtly sparks,
It may escape the learned clerks;
But weel the watching lover marks
   The kind love that's in the e'e.

BONNIE JEAN.

See spring her gra - ces wild disclose, Birds sweet - ly chant on
Ye Kel - burn groves, by spring at-tired, Where ze - phyrs sport a -

ilk - a spray: Mang broo - my knowes the shepherd goes, While sport - ive lamb - kins
mang the flow'rs, Your fair - y scenes I've aft admired, While jo - cund pass'd the

round him play. En - rap - tur'd now I take my way. While
sun - ny hours. But doub - ly hap - py in your bowers,When

joy en - liv - ens a' the scene;Down by yon shad - ed stream I stray, To
fragrance scents the dew-y e'en, I wan-der where yourstreamlet pours, To

meet an' hail my bon - nie Jean.
meet an' hail my bon - nie Jean.

Let grandeur rear her lofty dome,
Let mad ambition kingdoms spoil,
Through foreign lands let avarice roam,
An' for her prize unceasing toil;
Give me fair nature's vernal smile,
The shelter'd grove and daisied green,
I'll happy tread my native soil,
To meet an' hail my bonnie Jean.

LOGIE O' BUCHAN.

Andante quasi Allegretto.

Voice.

Piano.

mf

p

O Lo-gie o' Buch-an, O Lo-gie the laird,They ha'e
Though San-die has ows-en, has gear,and has kye, A——

p

ta'en a - wa' Ja-mie, that delved in the yard, Wha play'd on the pipe, an' the
house, an' a had-den, an' sil - ler for - bye, Yet I'd tak' my ain lad, wi' his

My daddie looks sulky, my minnie looks sour,
They gloom upon Jamie because he is puir:
Though I lo'e them as weel as a daughter should do,
They are no half sae dear to me, Jamie, as you.
　He said, think na lang, lassie, tho' I gang awa',
　For I'll come an' see thee in spite o' them a'

I sit on my creepie, an' spin at my wheel,
An' think on the laddie that lo'es me sae weel;
He had but ae saxpence, he brak it in twa,
An' he ga'e me the half o't when he gaed awa'.
　But the simmer is comin', cauld winter's awa',
　Then haste ye back, Jamie, an' bide na awa'.

GLOOMY WINTER'S NOW AWA.

Andante non troppo.

The words by R. Tannahill.

Voice.

Piano.

Gloo - my win - ter's now a - wa, Saft the west - lin breez - es blaw,
Tow'ring o'er the New - ton woods, Lav'rocks fan the snaw - white clouds;

'Mang the birks o' Stan - ley shaw The Ma - vis sings fu' cheer - ie O, Sweet the craw flow'rs early bell,
Sil - ler saughs, wi' dow - ny buds A - dorn the banks sae brie - ry O: Round the syl - van fai - ry nooks,

Decks Glen - if - fer's dew - y - dell, Bloom - ing like thy bon - nie sel', My
Feath' - ry breck - ans fringe the rocks, 'Neath the brae the bur - nie jouks, And

con moto

young, my art - less dea - rie O. Come, my las - sie, let us stray
il - ka thing is chee - rie, O. Trees may bud, and birds may sing,

O'er Glen - kil loch's sun - ny brae, Blythe - ly spend the gowd - en day 'Midst
Flow'rs may bloom, and ver - dure spring, Joy to me they can - na bring Un -

joys that ne - ver wea - rie O.
less wi' thee, my dea - rie O.

THE FLOWERS OF THE FOREST.

I've seen the smiling of   For - tune be - guil-ing, I've   tast - ed her pleasures, and
I've seen the morning with gold the hills a - dorn-ing, And   loud tem-pest roar-ing be -

felt her de - cay: Sweet was her bless ing and   kind her ca - ress   ing, But
fore part-ing day;   I've seen Tweed's silver streams glitt'ring in   the sunny beams, Grow

now they are fled,____ fled far a - way. I've seen the for - est a -
drum-lie and dark as they roll'd on their way. O fie - kle for - tune!

dorned the fore-most, Wi' flow'rs o' the fair-est, baith pleas - ant and gay, Sae
why this cru-el sport-ing? O why thus per - plex us, poor sons of a day? Thy

bon-ny was their blooming, their scent the air per-fum-ing, But now they are with-er'd and
frowns can-not fear me, Thy smiles cannot cheer me, For the Flowers of the For - est are

a' wede a - way.
a' wede a - way.

AULD LANG SYNE.

Should auld ac-quaint-ance be for-got, And
We twa ha'e run a - bout the braes, And

ne - ver brought to mind? Should auld ac-quaint-ance be for-got, And
pu'd the gow-ans fine, But we've wan - der'd mony a wear - y foot Sin'

37

We twa ha'e paidelt in the burn,
  Frae morning sun till dine;
But seas between us braid ha'e roar'd,
  Sin' auld lang syne.
    For auld lang syne, &c.

And here's a hand my trusty fere,
  And gie's a hand o' thine;
And we'll take a richt gude willie-waught,
  For auld lang syne.
    For auld lang syne, &c.

And surely ye'll be your pint-stoup,
  And surely I'll be mine;
And we'll tak' a cup o' kindness yet,
  For auld lang syne.
    For auld lang syne, &c.

THOU ART GANE AWA'.

Voice. Andante.

Piano.

con express.

Thou art gane a - wa', thou art gane a - wa'. Thou art gane a - wa' frae
What - e'er he said or might pre-tend, That stole that heart o'

me, Ma - ry! Nor friends nor I could make thee stay; Thou hast cheat-ed them and
thine, Ma - ry. True love, I'm sure, was ne'er his end, Or nae sic love as

me, Ma - ry! Un - til this hour I ne - ver thought That ought could al - ter
mine, Ma - ry. I spoke sin - cere, nor flat - ter'd much, Nae self - ish thoughts in

thee, Ma - ry; Thou'rt still the mis - tress o' my heart, Think
me, Ma - ry, Am - bi - tion, wealth, nor nae - thing such: No,

what you will o' me, Ma - ry.
I loved on - ly thee, Ma - ry.

Though you've been false, yet while I live,
I'll lo'e nae maid but thee, Mary;
Let friends forget, as I forgive.
Thy wrongs to them and me, Mary;
So then, farewell! o' this be sure,
Since you've been false to me, Mary;
For a' the world I'd not endure
Half what I've done for thee, Mary.

MY NANNIE'S AWA'.

The words by Burns.

Andante con moto.

Voice.

Piano.

Now in her green man-tle blythe Na-ture ar-rays. And
The snaw-drap and prim-rose our wood-lands a-dorn, And

lis-tens the lamb-kins that bleat ower the braes, While birds war-ble wel-come in
vio-lets bathe in the weet o' the morn; They pain my sad bo-som, sae

il - ka green shaw; But to me it's de - light - less, my
sweet - ly they blaw! They mind me o' Nan - nie - and

Nan-nie's a - wa'. But to me it's de-light-less, my Nan-nie's a - wa'.
Nan-nie's a - wa'. They mind me o' Nan-nie-and Nan-nie's a - wa'.

Thou laverock, that springs frae the dews of the lawn,
The shepherd to warn of the grey-breaking dawn,
And thou, mellow mavis, that hails the night-fa';
Give over for pity — my Nannie's awa'.

Come, autumn, sae pensive, in yellow and grey,
And soothe me wi' tidings o' Nature's decay;
The dark, dreary winter, and wild-driving snaw,
Alane can delight me — my Nannie's awa'.

THE LASS O' GOWRIE.

Melody:"Loch Eroch side."

'Twas on a sim-mer's af-ter-noon, A
I praised her beau-ty loud an' lang, Then

wee be-fore the sun gaed down, My las-sie, wi' a braw new gown, Cam'
round her waist my arms I flang, And said, My dear-ie, will ye gang To

o'er the hills to Gow - rie. The rose-bud tinged wi' morn - ing show'r, Blooms
see the Carse o' Gow - rie? I'll tak' ye to my fa - ther's ha'. In

fresh with - in the sun - ny bow'r. But Ka - tie was the fair - est flow'r That
yon green field be - side the shaw; I'll mak' you la - dy o' them a'. The

ev - er bloom'd in Gow - rie.
braw - est wife in Gow - rie.

Saft kisses on her lips I laid,
The blush upon her cheeks soon spread,
She whisper'd modestly, and said,
  I'll gang wi' ye to Gowrie!
The auld folks soon ga'e their consent,
Syne for Mess John they quickly sent,
Wha tyed us to our heart's content,
  And now she's Lady Gowrie.

CHARLIE IS MY DARLING.

dar - ling. The young Che - va - lier. 'Twas on a Mon - day
dar - ling, The young Che - va - lier. As he came march - ing

mor - ning, Richt ear - ly in the year, When Char - lie came to
up the street, The pipes play'd loud and clear, And a' the folk came

our town, The young Che - va - lier. O! Char - lie is my
rin - nin' out To meet the Che - va - lier. O! Char - lie is my

dar-ling. My dar-ling. my dar-ling. O! Char-lie is my dar-ling, The
dar-ling, My dar-ling. my dar-ling. O! Char-lie is my dar-ling, The

young Che - va - lier.
young Che - va - lier.

O! Charlie is my darling, &c.
Wi' Highland bonnets cock'd ajee,
  And braidswords shining clear,
They cam to fight for Scotland's right
  And the young Chevalier.
O! Charlie is my darling, &c.

O! Charlie is my darling, &c.
They've left their bonnie Highland hills,
  Their wives and bairnies dear,
To draw their sword for Scotland's lord,
  The young Chevalier.
O! Charlie is my darling, &c.

O! Charlie is my darling, &c.
O! there were mony beating hearts,
  And mony hopes and fears,
And mony were the prayers put up
  For the young Chevalier.
O! Charlie is my darling, &c.

AULD ROBIN GRAY.

Andante.

The words by Lady Anne Lindsay.

Voice.

Piano.

con molta espressione

Young Jam - ie lo'ed me weel, and sought me for his bride, But
My fa - ther cou'd - na work; my mo - ther cou'd - na spin. I

sav - ing a crown, he had nae-thing else be - side; To
toil'd day and night, but their bread I could - na win; Auld

make the crown a pound my Jam - ie gaed to sea, And the
Rob main-tain'd them baith, and wi' tears in his e'e, Said,

crown and the pound were baith for me. He had - na been gane a
Jen - ny for their sakes, 'O mar - ry me'. My heart it said na; I

week but on - ly twa.When my fa-ther brake his arm, and our cow was stown a - wa; My
look'd for Jam - ie back, But the wind it blew high and the ship it was a wreck:The

mother she fell sick, and my Jam-ie at the sea. And auld Rob-in Gray cam a
ship it was a wreck, why did-na Jen-ny die? Oh! why was I spar'd to

court-ing me.
cry, waes me?

My father urged me sair: my mother didna speak,
But she look'd in my face till my heart was like to break;
So they gied him my hand, tho' my heart was at the sea,
And auld Robin Gray is a gude man to me.
I hadna been a wife a week but only four,
When sitting sae mournfully at my ain door,
I saw my Jamie's wraith, for I cou'dna think it he
Till he said I'm come hame for to marry thee.

O sair did we greet, and mickle did we say;
We took but ae kiss, and we tore ourselves away:
I wish I were dead! but I'm no like to die;
And why do I live to say, waes me!
I gang like a ghaist, and I carena to spin,
I darena think on Jamie, for that wad be a sin;
But I'll do my best a gude wife to be,
For auld Robin Gray is a kind man to me.

THE BUSH ABOON TRAQUAIR.

Andante non troppo.

The words by W. Crawford.

Hear me, ye nymphs, and ev' - - ry swain, I'll tell how Peg - gy
That day she smiled and made me glad, No maid seem'd e - - ver

grieves me; Though thus I lan - guish and complain, A - las! she ne'er be -
kind - er; I thought my-self the luck - iest lad, So sweet - ly there to

lieves me. My vows and sighs, like si - lent air, Un - heed - ed, ne - ver
find her. I tried to soothe my amorous flame, In words that I thought

move — — her: The bon - nie bush a - boon Tra - quair, Was
ten - — der; If more there pass'd, I'm not to blame, I

where I first did meet her.
meant not to of - fend her.

Ye rural powers, who hear my strains,
  Why thus should Peggy grieve me?
Oh! make her partner in my pains,
  Then let her smiles relieve me.
If not, my love will turn despair,
  My passion no more tender;
I'll leave the bush aboon Traquair,
  To lonely wilds I'll wander.

Yet now she scornful flies the plain,
  The fields we then frequented;
If e'er we meet, she shows disdain,
  And looks as ne'er acquainted.
The bonnie bush bloom'd fair in May,
  Its sweets I'll aye remember;
But now her frowns make it decay,
  It fades as in December.

THE BIRKS OF ABERFELDIE.

The words by Burns.

Bon-nie las-sie, will ye go, Will ye go, will ye go, Bon-nie las-sie, will ye go To the

Bon-nie las sie, will ye go, Will ye go, will ye go, Bon-nie las-sie, will ye go To the

birks of A - ber - fel - die? Now simmer blinks on flow'ry braes, And o'er the crystal streamlet plays; Come

birks of A - ber - fel - die? While o'er their head the hazels hing, The lit-tle burdies blythely sing, Or

con anima

let us spend the lightsome days In the birks of A-ber-fel-die. Bon-nie las-sie, will ye go.
light-ly flit on wan-ton wing, In the birks of A-ber-fel-die. Bon-nie las-sie, will ye go.

Will ye go, will ye go, Bon-nie las-sie, will ye go To the
Will ye go, will ye go, Bon-nie las-sie, will ye go To the

mf

birks of A-ber-fel-die?
birks of A-ber-fel-die?

f

Bonnie lassie, &c.
The braes ascend like lofty wa's,
The foamin' stream deep-roaring fa's,
O'erhung wi' fragrant spreadin' shaws,
   The birks of Aberfeldie.
Bonnie lassie, &c.

Bonnie lassie, &c.
The hoary cliffs are crown'd wi' flow'rs,
White o'er the linn the burnie pours,
And, risin', weets wi' misty show'rs
   The birks of Aberfeldie.
Bonnie lassie, &c.

Bonnie lassie, &c.
Let fortune's gifts at random flee,
They ne'er shall draw a wish frae me,
Supremely bless'd wi' love and thee,
   In the birks of Aberfeldie.
Bonnie lassie, &c.

SAW YE JOHNIE COMIN'.

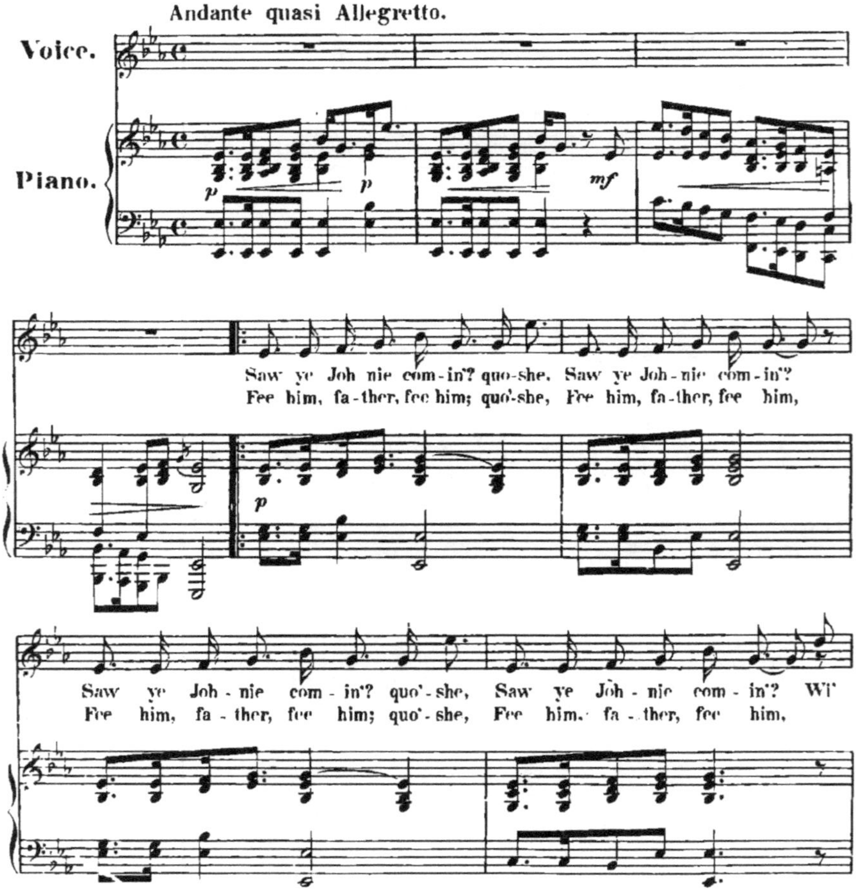

his blue bon-net on his head, And his dog-gie rin-nin'? Wi'
For he is a gal-lant lad. And a weel do-in'. And

his blue bon-net on his head, And his dog-gie rin-nin'? quo' she,
a' the wark a-bout the house Gaes wi' me when I see him; quo' she.

And his dog-gie rin-nin'?
Wi' me when I see him.

What will I do wi' him. quo' he
  What will I do wi' him?
He's ne'er a sark upon his back,
  And I ha'e nane to gi'e him.
I ha'e twa sarks into my kist,
  And ane o' them I'll gi'e him;
And for a merk o' mair fee,
  Dinna stand wi' him; quo' she,
  Dinna stand wi' him.

For weel do I lo'e him; quo' she,
  Weel do I lo'e him;
For weel do I lo'e him; quo' she.
  Weel do I lo'e him;
O fee him, father, fee him, quo' she.
  Fee him, father, fee him;
He'll haud the pleugh, thrash in the barn.
  And crack wi' me at e'en; quo' she,
  Crack wi' me at e'en.

MY LOVE'S IN GERMANY.

Andante.

Voice.

Piano.

mf   *p*

"My   love's   in   Ger - ma - ny: Send   him   hame, send   him   hame,   My
"He's   brave   as   brave can   be,   Send   him   hame, send him   hame,   He's

p

con anima

love's   in   Ger - ma - ny,   Send   him   hame: My   love's   in   Ger - ma - ny,   Fight -
brave as brave can be,   Send   him   hame: He's   brave   as   brave   can   be,   He wad'

p   *mf*

p con espressivo

ing for roy-al-ty; He may ne'er his Jean-ie see; Send him hame, send him hame; He may
rather fa' than flee; But his life is dear to me, Send him hame, send him hame; Oh! his

ne'er his Jean-ie see, Send him hame.
life is dear to me, Send him hame.

"Our faes are ten to three,
   Send him hame, send him hame:
Our faes are ten to three,
   Send him hame.
Our faes are ten to three,
He maun either fa', or flee,
In the cause o' loyalty,
   Send him hame, send him hame:
In the cause o' loyalty,
   Send him hame."

"Your love ne'er learnt to flee,
   Bonnie dame, winsome dame,
Your love ne'er learnt to flee,
   Winsome dame.
Your love ne'er learnt to flee,
But he fell in Germany,
Fighting brave for loyalty,
   Mournfu' dame, mournfu' dame.
Fighting brave for loyalty.
   Mournfu' dame."

"He'll ne'er come owre the sea,
   Willie's slain, Willie's slain:
He'll ne'er come owre the sea,
   Willie's gane!
He'll ne'er come owre the sea,
To his love and ain coontrie__
This warld's nae mair for me,
   Willie's gane, Willie's gane!
This warld's nae mair for me,
   Willie's slain!"

KELVIN GROVE.

Let us haste to Kel-vin grove, bon-nie las - sie, O, Through its
Let us wan-der by the mill, bon-nie las - sie, O. To the

ma zes let us rove, bon-nie las - sie, O, Where the rose in all her pride, Paints the
cove be side the rill, bon-nie las - sie, O, Where the glens re bound the call Of the

hol - low din - gle side. Where the mid - night fai - ries glide. bon - nie
roar - ing wa - ters' fall. Through the moun - tain's rock - y hall, bon - nie

las sie, O.
las sie, O.

O Kelvin banks are fair, bonnie lassie, O,
When in summer we are there, bonnie lassie, O,
   There, the May-pink's crimson plume
   Throws a soft, but sweet perfume,
Round the yellow banks of broom, bonnie lassie, O.

Though I dare not call thee mine, bonnie lassie, O,
As the smile of fortune's thine, bonnie lassie, O,
   Yet with fortune on my side,
   I could stay thy father's pride,
And win thee for my bride, bonnie lassie, O.

But the frowns of fortune lour, bonnie lassie, O,
On thy lover at this hour, bonnie lassie, O.
   Ere yon golden orb of day
   Wake the warblers on the spray,
From this land I must away, bonnie lassie, O.

Then farewell to Kelvin Grove, bonnie lassie, O,
And adieu to all I love, bonnie lassie, O,
   To the river winding clear,
   To the fragrant scented brier,
Even to thee, of all most dear, bonnie lassie, O.

When upon a foreign shore, bonnie lassie, O,
Should I fall midst battle's roar, bonnie lassie, O,
   Then, Helen! shouldst thou hear
   Of thy lover on his bier,
To his memory shed a tear, bonnie lassie, O.

ARGYLE IS MY NAME.

Melody: "Bannocks o' Barley-Meal."

Ar - gyle is my name, and you may think it strange, To
Ye ri - ots and re - vels of Lon - don, a - dieu! And

live at a court, yet ne - ver to change: To
Fol - ly, ye foplings, I leave her to you! For

faction, or ty-ran-ny, e-qual-ly foe: The
Scot-land I ming-led in bus-tle and strife For my-

good of the land's the sole mo-tive I know. The
self, I seek peace and an in-no-cent life: I'll

foes of my coun-try and King I have faced; In ci-ty or bat-tle I
haste to the Highlands, and vis-it each scene With Mag-gie, my love, in her

ne'er was dis - graced: I've done what I could for my
rock - lay o' green: On the banks o' Glen - a - ray what

coun - try's weal: Now I'll feast up - on bannocks o' bar - ley - meal.
plea-sure I'll feel, While she shares my bannock o' bar - ley - meal!

And if it chance Maggie should bring me a son,
He shall fight for his King as his father has done;
I'll hang up my sword with an old soldier's pride
Oh, may he be worthy to wear't on his side!
I pant for the breeze of my loved native place,
I long for the smile of each welcoming face
I'll aff to the Highlands as fast's I can reel,
And feast upon bannocks o' barley-meal.

MUIRLAND WILLIE.

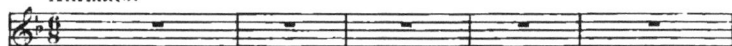

Hearken and I will
his   gray mare as

tell   you how Young Muir-land Wil-lie cam' here to woo. Tho'
he   did ride. Wi' dirk and pis - tol by his side. He

he could nei - ther say nor do; The truth I tell to
prick'd her on wi' mei - kle pride, Wi' mei - kle mirth and

you. But aye he cries, What - e'er be - tide,
glee, Out o'er yon moss, out o'er yon muir,

Mag - gie I'll ha'e to be my bride, With a fal da ra, fal
Till he cam' to her dad - die's door, With a fal da ra. fal

2nd Verse On

Gudeman, quoth he, be ye within?
I'm come your dochter's love to win,
I carena for making meikle din;
　What answer gi'e ye me?
Now, wooer, quoth he, would ye light down,
I'll gi'e ye my dochter's love to win.
　With a fal da ra, &c.

Now, wooer, sin' ye are lighted down,
Where do ye won, or in what town?
I think my dochter winna gloom,
　On sic a lad as ye.
The wooer he stepp'd up the house,
And wow but he was wond'rous crouse,
　With a fal da ra, &c.

The maid put on her kirtle brown,
She was the brawest in a' the town:
I wat on him she didna gloom,
　But blinkit bonnilie.
The lover he steuded up in haste,
And gript her hard about the waist.
　With a fal da ra, &c.

The maiden blush'd and bing'd fu' law,
She hadna will to say him na,
But to her daddie she left it a'.
　As they twa could agree.
The lover gi'ed her the tither kiss.
Syne ran to her daddie, and tell'd him this,
　With a fal da ra, &c.

The bridal day it came to pass,
W' mony a blythsome lad and lass;
But sican a day there never was,
　Sic mirth was never seen.
This winsome couple straked hands,
Mess John ty'd up the marriage bands,
　With a fal da ra, &c.

JOCK O' HAZELDEAN.

The words by Sir Walter Scott.

"Why weep ye by the tide, la - dye? Why
"Now let this wil - ful grief be done, And

weep ye by the tide? I'll wed ye to my young-est son, And
dry that cheek so pale: Young Frank is chief of Err - ing-ton, And

Lyrics under the music (verse 1 / verse 2 interleaved):

ye sall be his bride; And ye sall be his bride, la - dye, Sae
lord of Lang - ley dale; His step is first in peace - ful ha', His

come - ly to be seen: But aye she loot the tears down fa', For
sword in bat - tle keen:" But aye she loot the tears down fa', For

Jock o' Ha - zel - dean.
Jock o' Ha - zel - dean.

"A chain o' gold ye sall not lack,
    Nor braid to bind your hair,
Nor mettled hound, nor managed hawk,
    Nor palfrey fresh and fair;
And you, the foremost o' them a',
    Shall ride our forest queen:"
But aye she loot the tears down fa',
    For Jock o' Hazeldean.

The kirk was deck'd at morning-tide,
    The tapers glimmer'd fair;
The priest and bridegroom wait the bride,
    And dame and knight were there:
They sought her baith by bower and ha';
    The ladye was not seen!
She's o'er the border and awa'
    Wi' Jock o' Hazeldean!

DUNCAN GRAY.

The words by Burns.

Allegretto con spirito.

Voice.

Piano.

Dun-can Gray cam' here to woo,
Dun-can fleech'd, and Dun-can pray'd.

Ha, ha, the woo-ing o't; On blythe Yule night, when we were fu', Ha, ha, the
Ha, ha, the woo-ing o't, Meg was deaf as Ail-sa Craig. Ha, ha, the

woo - ing o't. Mag-gie coost her head fu' heigh, Look'd a-sklent, and
woo - ing o't. Dun-can sigh'd baith out and in, Grat his een baith

un - co skeigh, Gart poor Dun-can stand a-beigh; Ha, ha, the
bleer'd and blin'. Spak' o' lowp-in' o'er a linn, Ha, ha, the

woo - ing o't.
woo - ing o't.

Time and chance are but a tide,
  Ha, ha, the wooing o't;
Slighted love is sair to bide,
  Ha, ha, the wooing o't.
Shall I, like a fool, quo' he,
For a haughty hizzie die?
She may gae to - France for me!
  Ha, ha, the wooing o't.

How it comes, let doctors tell,
  Ha, ha, the wooing o't,
Meg grew sick as he grew well,
  Ha, ha, the wooing o't.
Something in her bosom wrings,
For relief a sigh she brings:
And O, her e'en, they spak sic things!
  Ha, ha, the wooing o't.

Duncan was a lad o' grace,
  Ha, ha, the wooing o't.
Maggie's was a piteous case,
  Ha, ha, the wooing o't.
Duncan couldna be her death,
Swelling pity smoor'd his wrath;
Now they're crouse and canty baith
  Ha, ha, the wooing o't.

IT WAS UPON A LAMMAS NIGHT.

Melody: "Corn Rigs."

The words by Burns.

It was up - on a Lam - mas night, When corn rigs are
The sky was blue, the wind was still, The moon was shin - ing

bon - nie, O. Be - neath the moon's un - cloud - ed light, I held a - wa to
ear - ly. O: I set her down wi' right good will, A - mang the rigs o'

An - nie, O: The time flew by wi' tent - less heed, Till
bar - ley, O: I ken't her heart was a' my ain; I

'twen the late and ear - ly, O, Wi' sma' per - sua - sion
loved her most sin - cere - ly, O; I kiss'd her ower and

she a - greed To see me through the bar - ley, O.
ower a - gain, A - mang the rigs o' bar - ley, O.

animato

Corn rigs, and bar - ley rigs, Corn rigs are
Corn rigs, and bar - ley rigs, Corn rigs are

bon - nie, O! I'll ne'er for - get that hap - py night, A -
bon - nie, O! I'll ne'er for - get that hap - py night, A -

mang the rigs wi' An - nie, O.
mang the rigs wi' An - nie, O.

I lock'd her in my fond embrace!
  Her heart was beating rarely, O:
My blessings on that happy place,
  Amang the rigs o' barley, O!
But by the moon and stars so bright,
  That shone that hour so clearly, O!
She aye shall bless that happy night,
  Amang the rigs o' barley, O!
    Corn rigs, &c.

I hae been blithe wi' comrades dear:
  I hae been merry drinkin', O;
I hae been joyfu' gath'rin' gear:
  I hae been happy thinkin', O:
But a' the pleasures e'er I saw,
  Tho' three times doubled fairly, O,
That happy night was worth them a',
  Amang the rigs o' barley, O.
    Corn rigs, &c.

THE BOATIE ROWS.

Allegretto.

Voice.

Piano.

mf

O weel may the boat-ie row, And bet-ter may she
O weel may the boat-ie row, That fills a heav-y

Fine.

p

speed; And weel may the boat-ie row, That wins the bairns bread. The
creel, And cleeds us a' frae head to feet, And buys our parritch meal. The

boat - ie rows, the boat - ie rows, The boat - ie rows in - deed; And hap - py be the
boat - ie rows, the boat - ie rows, The boat - ie rows in - deed; And hap - py be the

lot of a' That wish the boat - ie speed. I cuist my line in Lar - go bay, And
lot of a' That wish the boat - ie speed. When Jam - ie vow'd he would be mine, And

fish - es I caught nine, There's three to boil, and three to fry, And
wan frae me my heart, O muc - kle ligh - ter grew my creel! He

three to bait the line. The boat - ie rows, the boat - ie rows, The boat - ie rows in -
swore we'd nev - er part. The boat - ie rows, the boat - ie rows, The boat - ie rows fu'

deed; And hap - py be the lot of a' That wish the boat - ie speed.
weel; And muc - kle ligh - ter is the lade When love bears up the creel.

D.C.

My kurtch I put upo' my head,
  And dress'd mysel' fu' braw;
I trow my heart was dowf and wae
  When Jamie gaed awa.
But weel may the boatie row,
  And lucky be her part:
And lightsome be the lassie's care,
  That yields an honst heart.

When Sandy, Jock, an' Janetie,
  Are up an' gotten lear,
They'll help to gar the boatie row,
  And lighten a' our care.
The boatie rows, the boatie rows,
  The boatie rows fu' weel:
And lightsome be her heart, that bears
  The murlain and the creel.

When we are auld, and sair bow'd down,
  And hirplin at the door,
They'll row, to keep us dry an' warm,
  As we did them before.
Then weel may the boatie row,
  That wins the bairns bread;
And happy be the lot of a'
  That wish the boatie speed.

OF A' THE AIRTS THE WIND CAN BLAW.

The words by Burns.

Andante con espressione.

Voice.

Piano.

Of a' the airts the wind can blaw I dear - ly like the west: For
O blaw, ye west-lin winds, blaw saft A - mang the leaf - y trees; Wi'

there the bon nie las-sie lives, The lass that I loe best: Tho' wild woods grow, an' ri-vers row; Wi'
gen-tle gale, frae muir and dale, Bring hame the laden bees; An' bring the las-sie back to me: Wi'

mo-nie a hill be-tween. Baith day an' night, my fan-cy's flight Is e - ver wi' my Jean. I
her twa witch-in' een;" Ae blink o' her wad ban-ish care, Sae love-ly is my Jean! What

see her in the dew - y flow'r, Sae love-ly, sweet an' fair; I hear her voice in il - ka-bird, Wi'
sighs an' vows amang the knowes, Hae past a-tween us twa! How fain to meet, how wae to part, That

mu-sic charm the air: There's not a bon nie flow'r that springs, By fountain, shaw, or green, Nor
day she gaed a - wa'! The powers a-boon can on - ly ken, To whom the heart is seen, That

yet a bon nie bird that sings, But minds me o' my Jean.
nane can be sae dear to me, As my sweet lovely Jean!

37

MY NANNIE O.

The words by Burns.

Be - hind yon hills where Lu - gar flows, 'Mang muirs and mess - es
My Nan - ny's charm - ing, sweet, and young: Nae art - fu' wiles to

ma - ny, O. The win - try sun the day has clos'd, And I'll a - wa to
win ye. O: May ill be - fa' the flatt'ring tongue, That wad be - guile my

Nan - ny, O. The west - lin wind blaws loud and shrill The night's baith mirk and
Nan - ny, O. Her face is fair, her heart is true, As spot - less as she's

rain - y, O; But I'll get my plaid, and out I'll steal, And owre the hills to
bon - nie O; The op'ning gow - an wat wi' dew, Nae pur - er is than

Nan - ny, O.
Nan - ny, O.

A country lad is my degree,
  And few there be that ken me, O:
But what care I how few they be,
  I'm welcome aye to Nanny, O.
My riches a's my penny fee,
  And I maun guide it cannie, O:
But warld's gear ne'er troubles me,
  My thoughts are a' my Nanny, O.

Our auld gudeman delights to view.
  His sheep and kye thrive bonnie, O:
But I'm as blythe that hauds his pleugh,
  And has na care but Nanny, O.
Come weel, come wae I care na by,
  I'll tak' what heav'n will send me, O:
Nae ither care in life have I,
  But live, and love my Nanny, O.

37

MY BOY TAMMY.

Moderato.

The words by Hector Macneill.

Voice.

Piano.

"Whar' hae ye been a' day, my boy Tam-my?
whar' gat ye that young thing, my boy Tam-my? And

Whar' hae ye been a' day, my boy Tammy?" 'I've been by burn and flow'ry brae,
whar' gat ye that young thing, my boy Tammy?" 'I gat her down in yon-der howe,

Meadow green and mountain grey, Court-in' o' this young thing just come frae her mammy.'
Smil-ing on a broomy knowe, Herding ae wee lamb and ewe, for her puir mammy.'

2nd Verse .. And

"What said ye to the bonny bairn. my boy Tammy?"
  'I praised her een sae bonny blue,
  Her dimpled cheek an' cherry mou,
And pree'd it aft as ye may trow. she said "she'd tell her mammy."

'The smile gaed aff her bonny face—"I manna leave my mammy!
  She's gi'en me meat, she's gi'en me claise.
  She's been my comfort a' my days,
My father's death brought mony waes—I canna leave my mammy."

'We'll tak her hame an' mak' her fain. my ain kind hearted lammy.
  We'll gi'e her meat, we'll gi'e her claise.
  We'll be her comfort a' her days:'
The wee thing gi'es her hand. and says. "There gang and ask my mammy."

"Has she been to kirk wi' thee, my boy Tammy?"
  'She has been to kirk wi' me.
  And the tear was in her ee,
But oh! she's but a young thing just come frae her mammy.'

COME UNDER MY PLAIDIE.

Melody: "Johnnie M'gill."

The words by *Hector Macneill.*

Voice.

Piano.

Animato.

mf

Come
Gae

un - der my plaid - ie, the night's gaun to fa'; Come in frae the cauld blast, the
'wa wi' your plaid - ie! auld Don - ald, gae 'wa; I fear na the cauld blast, the

p

drift, an' the snaw; Come un-der my plaid-ie, and sit down be-side me.There's
drift, nor the snaw! Gae 'wa wi' your plaid-ie! I'll no sit be-side ye; Ye

room in't, dear las-sie, be - lieve me, for twa. Come un-der my plaid-ie, and
might be my gutch-er! auld Don-ald, gae 'wa. I'm gaun to meet John-nie, he's

sit down be-side me, I'll hap ye frae ev'-ry cauld blast that can blaw; Come
young,and he's bon-nie. He's been at Meg's brid-al, fu' trig and fu' braw! Nane

un - der my plaid - ie, and   sit down be-side me, There's room in't, dear las - sie, be-
danc - es sae licht - ly, sae   grace-fu', or ticht - ly. His cheeks like the new rose, his

lieve me, for twa.
brow's like the snaw!

Dear Marion, let that flee stick fast to the wa';
Your Jock's but a gowk, and has naething ava;
The haill o' his pack he has now on his back:
He's thretty, and I am but three score and twa.
Be frank now and kindly— I'll busk ye aye finely,
To kirk or to market there'll few gang sae braw;
A bien house to bide in, a chaise for to ride in,
And flunkies to 'tend ye as aft as ye ca'.

My father aye tell'd me, my mither and a',
Ye'd mak a gude husband, and keep me aye braw;
It's true I lo'e Johnnie, he's gude and he's bonnie,
But waes me! ye ken he has naething ava!
I hae little tocher, you've made a gude offer,
I'm now mair than twenty, my time is but sma'.
Sae gie me your plaidie, I'll creep in beside ye,
I thought ye'd been aulder than threescore and twa.

She crap in ayont him, beside the stane wa',
Whar Johnnie was list'nin', and heard her tell a';
The day was appointed, his proud heart it dunted,
And struck 'gainst his side as if burstin' in twa.
He wander'd hame weary, the night it was dreary;
And thowless, he tint his gate deep 'mang the snaw;
The howlet was screamin', while Johnnie cried "Women
Wad marry auld Nick, if he'd keep them aye braw!"

"O the deil's in the lasses! they gang now sae bra';
They'll lie down wi' auld men o' fourscore and twa;
The haill o' their marriage, is gowd and a carriage,
Plain love is the cauldest blast now that can blaw!
But lo'e them I canna, nor marry I winna,
Wi' ony daft lassie, though fair as a queen;
Till love ha'e a share o't, the never a hair o't,
Shall gang in my wallet at morning or e'en."

TAK' YOUR AULD CLOAK ABOUT YE.

Bo - reas, wi' his blasts sae bauld, Was threat' - ning a' our
has she wet the bai - rns's mou', An' I am laith that

kye to kill, Then Bell, my wife, wha lo'es na strife, She
she should tyne: Get up, gude man, it is fu' time, The

said to me, right has - ti - ly, Get up, gude - man, save
sun shines in the lift sae hie; Sloth ne - ver made a

My cloak was ance a gude grey cloak,
  When it was fitting for my wear;
But now it's scantly worth a groat,
  For I hae worn't this thretty year.
Let's spend the gear that we hae won,
  We little ken the day we'll die:
Then I'll be proud, sin' I hae sworn
  To hae a new cloak about me.

In days when gude King Robert rang,
  His trews they cost but half-a-croun;
He said they were a groat o'er dear,
  An' ca'd the tailor thief and loun:
He was the king that wore the croun,
  An' thou'rt a man of laigh degree:
It's pride puts a' the country doun;
  Sae tak' your auld cloak about ye.

Ilka land has its ain lauch,
  Ilk kind o' corn has its ain hool:
I think the world is a' gane wrang,
  When ilka wife her man wad rule:
Do ye no see Rob, Jock, and Hab,
  How they are girded gallantlie,
While I sit hurklin i' the neuk?
  I'll hae a new cloak about me!

Gudeman, I wat it's thretty ye...
  Sin' we did ane anither ken;
An' we hae had atween us twa
  Of lads an' bonnie lasses ten:
Now they are women grown an' men,
  I wish an' pray weel may they be;
An' if you'd prove a gude husband,
  E'en tak' your auld cloak about ye.

Bell, my wife, she lo'es nae strife,
  But she would guide me, if she can;
An' to maintain an easy life,
  I aft maun yield, though I'm gudeman:
Nocht's to be won at woman's han',
  Unless ye gie her a' the plea:
Then I'll leave aff where I began,
  An' tak' my auld cloak about me.

37

MAGGIE LAUDER.

Voice.

Piano.

Allegretto con spirito.

mf

p

Wha wad - na be in love Wi'
Maggie, quo' he, and by my bags, I'm

bon - nie Mag - gie Lau - der? A pip - er met her gaun to Fife And
fidg - in' fain to see thee; Sit down by me, my bon - nie bird, In

speir'd what wast they ca'd her, Right scorn - ful - ly she ans - wer'd him; "Be-
troth I win - na steer thee: For I'm a pip - er to my trade, My

gone ye hal - lan - sha ker! Jog on your gate, ye blad - der - skate, My
name is Rob the Ran - ter: The lass - es loup as they were daft, When

mf

name is Mag-gie Lau - der."
I blaw up my chan - ter.

f

Piper, quo' Meg, hae ye your bags?
  Or is your drone in order?
If ye be Rob, I've heard of you,
  Live you upon the border?
The lasses a', baith far and near,
  Have heard o' Rob the Ranter;
I'll shake my foot wi' right gude will,
  Gif you'll blaw up your chanter.

Then to his bags he flew wi' speed,
  About the drone he twisted:
Meg up and wallop'd o'er the green,
  For brawly could she frisk it.
Weel done! quo' he—play up! quo' she;
  Weel bobb'd! quo' Rob the Ranter;
'Tis worth my while to play indeed,
  When I hae sic a dancer.

Weel hae you play'd your part, quo' Meg,
  Your cheeks are like the crimson;
There's nane in Scotland plays sae weel,
  Since we lost Habbie Simson.
I've lived in Fife, baith maid and wife,
  These ten years and a quarter;
Gin ye should come to Anster fair,
  Speir ye for Maggie Lauder.

THE LAIRD O' COCKPEN.

Melody: "When she cam' ben, she bobbed."

The Laird o' Cock pen he's
Down by the burn side a

proud and he's great, His mind is ta'en up wi' the things o' the state, He
la - dy did dwell. At head o' his ta - ble he thought she'd look well; Mac-

want-ed a wife now his braw house to keep, But fa-vour wi' woo-in' was
leish's ae daughter o' Clav-ers-ha'-lee A pen-ny-less lass wi' a

fash-ous to seek.
lang pe-di-gree.

His wig was weel powther'd, and as gude as new,
His waistcoat was red, and his coat it was blue,
A ring on his finger, his sword, and cock'd hat,
And wha could refuse the auld Laird wi'a' that.

He mounted his mare, he rode cannilie,
And rapt at the yett o' Clavers-ha'-lee;
"Gae tell Mrs Jean to come speedily ben,
She's wanted to speak wi' the Laird o' Cockpen."

Mrs Jean she was making the elder-flower wine,
"And what brings the Laird at sic a like time?"
She pat aff her apron, and on her silk gown,
Her mutch wi' red ribbons, and gaed awn down.

And when she cam in, the Laird boo'd fu' low,
And what was his errand he soon let her know;
But oh! how he stared, when the Lady said "Na,"
And wi' a laigh curtsey she then turn'd awa.

The Laird was dumfounder'd, nae sigh did he gie,
He mounted his mare, he rode cannilie;
And aften he thought as he gaed thro' the glen,
She is daft to refuse the Laird o' Cockpen.

O LET ME IN THIS AE NIGHT.

The words by Burns.

Andante espressivo.

Voice.

Piano.

O Lassie, art thou sleepin' yet, Or art thou wakin, I would wit? For
Thou hear'st the winter wind and weet: Nae star blinks thro' the driving sleet; Tak'

love has bound me hand and foot, And I would fain be in. Jo. O
pity on my weary feet, And shield me frae the rain. Jo. O

let me in this ae night, This ae night, this ae night, For
let me in this ae night, This ae night, this ae night, For

pi-ty's sake this ae night O rise and let me in, Jo.
pi-ty's sake this ae night O rise and let me in, Jo.

The bitter blast that round me blaws
Unheeded howls, unheeded fa's;
The cauldness o' thy heart's the cause
O' a' my grief and pain jo.
O, let me in this ae night, &c.

Her Answer.

O tell na me o' wind and rain,
Upbraid na me wi' cauld disdain!
Gae back the gate ye cam' again:
I winna let you in, jo.
I tell you now this ae night,
This ae, ae, ae night:
And, ance for a', this ae night,
I winna let you in, jo.

The snellest blast, at mirkest hours,
That round the pathless wand'rer pours,
Is nought to what poor she endures,
That's trusted faithless man, jo.
I tell you now, &c.

The sweetest flower that deck'd the mead,
Now trodden like the vilest weed,
Let simple maid the lesson read,
The weird may be her ain, jo.
I tell you now, &c.

The bird that charm'd his summer day,
Is now the cruel fowler's prey;
Let witless, trusting woman say,
How aft her fate's the same, jo.
I tell you now, &c.

THE SOLDIER'S RETURN.

Melody: "The Mill, Mill, O."

The words by Burns.

When wild war's dead-ly blast was blawn, And gen-tle peace re - turn-ing, Wi'
A leal, light heart was in my breast, My hand un-stain'd wi' plun - der; And

mo-ny a sweet babe fa - ther-less, And mo-ny a wi - dow mourn-ing I
for fair Sco - tia, hame a - gain, I chee - ry on did wan - der. I

37

left the lines   and   tent-ed field,Where lang I'd   been a   lod-ger: My
thought up-on   the   banks of Coil, I   thought up-on   my   Nan-cy: I

rall.   a tempo

hum-ble knap-sack a' my wealth; A   poor and hon-est   sod-ger.
thought up-on the   witch-ing smile That caught my youth-ful   fan-cy.

rall.   *D.C.*

At length I reach'd the bonny glen,
 Where early life I sported:
I pass'd the mill, and trystin' thorn,
 Where Nancy aft I courted:
Wha spied I but my ain dear maid,
 Down by her mother's dwelling!
And turn'd me round to hide the flood
 That in my een was swelling.

Wi' alter'd voice, quoth I, 'Sweet lass,
 Sweet as yon hawthorn's blossom,
O! happy, happy may he be,
 That's dearest to thy bosom!
My purse is light, I've far to gang,
 And fain wad be thy lodger.
I've serv'd my king and country lang:
 Tak' pity on a sodger!

Sae wistfully she gaz'd on me,
 And lovelier was than ever:
Quo' she, "a sodger ance I lo'ed
 Forget him shall I never:
Our humble cot and hamely fare,
 Ye freely shall partake o't;
That gallant badge, the dear cockade,
 Ye're welcome for the sake o't."

She gaz'd, she redden'd like a rose,
 Syne pale as ony lily,
She sank within my arms, and cried,
 "Art thou my ain dear Willy?"
'By him who made yon sun and sky,
 By whom true love's regarded,
I am the man, and thus may still,
 True lovers be rewarded.

'The wars are o'er and I'm come hame,
 And find thee still true—hearted;
Tho' poor in gear, we're rich in love,
 And mair, we'se ne'er be parted!
Quo' she, "my grandsire left me gowd,
 A mailin' plenish'd fairly;
Then come, my faithful sodger lad,
 Thou'rt welcome to it dearly."

For gold the merchant ploughs the main,
 The farmer ploughs the manor,
But glory is the sodger's prize,
 The sodger's wealth is honour.
The brave poor sodger ne'er despise,
 Nor count him as a stranger,
Remember he's his country's stay,
 In day and hour of danger.

THE BLUE BELLS OF SCOTLAND.

O where, and O where does your Highland lad-die dwell? O where, and O where does your
O where, and O where, is your Highland lad die gane! O where, and O where, is your

High-land lad - die dwell? He dwells in mer - ry Scot - land, where the
High - land lad - die gane? He's gane to fight for George, our King, and

blue-bells sweetly smell, And Oh! in my heart I love my lad-die well. He
left us all a-lane, For no-ble and brave's my loy-al Highland-man. He's

dwells in mer-ry Scot-land, where the blue-bells sweet-ly smell, And
gane to fight for George, our King, and left all us a-lane. For

Oh! in my heart I love my lad-die well.
no-ble and brave's my loy-al Highland-man.

O what, lassie, what, if your Highland lad be slain?
O what, lassie, what, if your Highland lad be slain?
O no! true love will be his guard, and bring him safe again,
For I never could live without my Highland-man.

O when, and O when, will your Highland lad come hame?
O when, and O when, will your Highland lad come hame?
Whene'er the war is o'er, he'll return to me with fame.
And I'll plait a wreath of flowers for my lovely Highland-man.

I LO'E NA A LADDIE BUT ANE.

Moderato.

Voice.

Piano. *mf*

con anima

I lo'e na a lad-die but ane, He lo'es na a las-sie but
Let ith-ers brag weel o' their gear, Their land and their lord-ly de-

me; He's wil-lin' to mak me his ain; And his ain I am wil-lin' to
gree; I care-na for ought but my dear, For he's il-ka thing lord-ly to

be. He coft me a roke-lay o' blue, And a pair o' mit-tens o'
me. His words are sae sug-ard, sae sweet! His sense drives ilk fear far a-

green; He vow'd that he'd e-ver be true; And I plight-ed my troth yes-
wa'! I lis-ten, poor fool! and I greet; Yet how sweet are the tears as they

treen.
fa'!

"Dear lassie," he cries, wi' a jeer,
  "Ne'er heed what the auld anes will say;
Though we've little to brag o'—ne'er fear;
  What's gowd to a heart that is wae?
Our laird has baith honours and wealth,
  Yet see how he's dwining wi' care;
Now we, though we've naething but health,
  Are cantie and leal evermair.

"O Menie! the heart that is true
  Has something mair costly than gear;
Ilk e'en it has naething to rue,
  Ilk morn it has naething to fear.
Ye warldlings, gae hoard up your store,
  And tremble for fear ought ye tyne,
Guard your treasures wi' lock, bar, and door,
  True love is the guardian o' mine."

He ends wi' a kiss and a smile —
  Wae's me, can I tak' it amiss!
My laddie's unpractised in guile,
  He's free aye to daut and to kiss!
Ye lasses wha lo'e to torment
  Your wooers wi' fause scorn and strife,
Play your pranks — I ha'e gi'en my consent,
  And this night I am Jamie's for life.

27

www.ingramcontent.com/pod-product-compliance
Lightning Source LLC
Chambersburg PA
CBHW030538270326
41927CB00008B/1424